W0076921

LICHTWELT VERLAG
FALKENSTEIN

2. Auflage 2024

Lichtwelt Verlag GmbH, Falkenstein 69, A-2162 Falkenstein
E-mail: office@lichtweltverlag.at
Telefon: +43 2554 880 95
Telefax: +43 1 253 30 33 1750

www.lichtweltverlag.at

Umschlagmotiv © 2017 Andrea Percht, Wien, alle Rechte vorbehalten.
Druck+Gesamtherstellung: Druckerei Janetschek GmbH, Heidenreichstein,
Waldviertel, UW-Nr. 637. Gedruckt in Österreich nach der Richtlinie
„Druckerzeugnisse" des Österreichischen Umweltzeichens, auf dem FSC®-
zertifizierten Papier Münken Print Cream, chlorfrei gebleicht, aus nachhaltig
bewirtschafteten Wäldern und kontrollierten Quellen.

ISBN 978-3-903435-16-2

JAHN J KASSL

KURS IM KREIEREN

DIE MENSCHEN STÄRKEN

KURS IM KREIEREN

PAUL DER VENEZIANER

AKTIVIERUNG
DER SCHÖPFERKRAFT
IN 12 STUFEN

INHALT

DAS GESCHENK: VORWORT DES AUTORS

Geschätzte Leser,

PAUL DER VENEZIANER, Meister der Verwirklichung und Schöpfungskraft, Meister des göttlichen Rosa-Lichtes, hat in den ersten Frühlingstagen des Jahres 2012 diese Erde erneut betreten. Wiedergeboren als noch „ganz kleiner Mensch", beginnt er diese seine Reise, um uns Menschen in das Licht zu begleiten und um uns in dieser so herausfordernden Zeit beizustehen.

Gleichzeitig mit seiner erneuten Verkörperung auf dieser Erde überreicht uns ATOS THE' AN'H (Name der ersten Namensgebung aus dem Sein) ein großes Geschenk. Es ist das „Werkzeug der Kreation", wobei Sie in 12 Stufen Ihre Schöpferkraft aktivieren können. Der „Kurs im Kreieren" ist der Fahrplan für ein erfülltes Dasein und zu einem Leben in der Fülle Gottes. Dieses Geschenk halten Sie, geehrter Leser, nun in Ihren Händen.

Weshalb ist die „Fülle" für die meisten Menschen bis heute nur ein Wort? Wie können wir unsere Schöpferkraft entfalten und sie zum Wohle aller anwenden?

Auf diese oder ähnlich lautende Fragen, die für immer mehr Menschen an Bedeutung gewinnen, gibt dieses Buch eine praktische Antwort, indem es Sie „Fülle" in 72 Übungsschritten selbst erfahren lässt.

Die große Zeit ist, wie im gleichnamigen Buch (DIE GROSSE ZEIT IST GEKOMMEN, Edition Meisterdialoge 1) umfassend beschrieben, wahrlich da. Für den Einzelnen bedeutet dies: Die Wiederentdeckung seiner geistigen Fähigkeiten und die positive Anwendung derselben.

Machen wir uns also an die Arbeit, denn das Himmelreich ist nicht außerhalb, sondern innerhalb von uns.

Der Kurs, der uns dabei unterstützt und fördert, liegt nun vor.

Ihr
JAHN JOHANNES

„Wendet dieses Buch an,
wiederholt die Anleitungen und
schreitet Stufe für Stufe in das
Licht und zu einem erfüllten Sein."

PAUL DER VENEZIANER

ANLEITUNG VON
PAUL DEM VENEZIANER

Geehrte Menschen!

Für alle zwölf Stufen gilt der 3-Tages-Rhythmus (3 Tage hintereinander eine Stufe, danach 3 Tage Pause), was bedeutet:

a) Jeder Manifestations-Schritt wird an drei aufeinanderfolgenden Tagen wiederholt und zwar wie folgt:

Den Wortlaut der jeweiligen Stufe einmal sprechen (laut oder leise), dann mindestens 30 Minuten Stille und Meditation. Am 4., 5. und 6. Tage legen Sie bitte eine Pause ein.
Dann beginnen Sie mit dem 2. Manifestations-Schritt: Diesen wiederholen Sie dann vom 7. bis zum 9. Tag, vom 10. bis zum 12. Tage ist wieder Pause; und in diesem Schema fahren Sie bis zur 12. Stufe (= 72. Tag) fort.

b) Nachdem Sie diese 72 Tage durchlaufen haben, können Sie nach Belieben auf jede einzelne Übung direkt zugreifen, um Ihre Absicht zu Ihrer gewählten Kreation durch Wiederholung zu vertiefen. Der 3-Tages-Rhythmus kann dann aufgegeben werden. Hört auf eure allwissende Seele dabei und beansprucht diese Lektionen zur Kreation im nun erworbenen Wissen um die Beschaffenheit aller Dinge.

Der „Kurs zum Kreieren" beginnt, sobald du dies für Dich erwählst.

Ich bin der ich bin
In unendlicher Liebe

PAUL ATOS THE' AN'H
PAUL DER VENEZIANER

KURS IM KREIEREN

I

ÜBUNG

AKTIVIERUNG DER SCHÖPFERKRAFT
STUFE 1 VON 12

In der Zeitqualität der Liebe komme ich zu den Menschenkindern zurück, in der Zeitqualität der großen Ereignisse, in der sich die großen Hoffnungen der Menschen erfüllen, betrete ich den Boden von Mutter Erde, in der Zeitqualität, in der sich der Himmel zur Erde neigt und Gott die Herzen der Menschen zurückerobert, komme ich an – und ich bleibe in der Schar der Meister, bis zum Ende dieser Tage; bis zum Ende dieser Zeit.

Ich bin
PAUL DER VENEZIANER,
PAUL ATOS THE' AN'H

Ich bin den Menschen das Licht am Weg, das Licht, das jede Dunkelheit ausleuchtet, und ich bin gekommen, um euch an eure Schöpferkraft zu erinnern und euch im Erschaffen von Realität anzuleiten.

Wir nehmen nun die nächsten Stufen, bis dass ihr verriegelt seid mit eurer Blaupause, bis dass alles, wie von unsichtbaren Händen gesteuert voller Magie und Wunder, zu euch gelangt.

Erschafft die Liebe und ihr seid erfüllt – und ihr habt die Fülle und ihr seid in der Fülle.

Die Liebe ist der Angelpunkt der Reise, die ihr nun fortsetzt und die euch in lichte Höhen bringt, bis dass ihr ankommt im Himmel, derer es unendlich viele gibt.

Noch ehe ich erneut als Mensch diese Welt betrete, werden Menschen finden, was sie lange suchten, werden Menschen sehen, was ihnen lange verborgen blieb, werden Menschen handeln, wie nie zuvor – denn wahrlich:

Eine große Zeit bringt große Taten hervor und eine große Zeit bringt eine Qualität des Menschen zum Vorschein, die unberührt blieb bisher – die Qualität der Liebe, der All-Liebe, die bedingungslos sich weitet und alle Ebenen des Seins berührt; bis dass sie sich auch auf jene Bereiche ausdehnt, die bisher unbeeinflusst blieben von dieser alles verändernden Kraft im Universum – der Liebe.

Eure Schöpfernatur ist unmittelbar mit eurer Fähigkeit zu lieben verbunden! Aktiviert ihr Liebe, so aktiviert ihr eure Schöpfernatur, euer Potenzial des Erschaffens wird dadurch erst „real";
denn ohne die Liebe könnt ihr nur erschaffen, was unvollständig ist und unvollkommen und eurer Blaupause weit entfernt.

Das Glück bleibt aus, das Licht zieht sich zurück, die Finsternis gewinnt die Oberhand, so ihr erschafft in Ermangelung an Liebe.

Ihr Götter, nun bin ich zurückgekehrt und voller Freude trage ich den Strahl des Lichts, des Rot-Rosa-Goldenen-Lichts in eure Herzen.

Es nimmt euch jede Kälte und ihr erwacht in eine Wahrnehmung eurer Selbst wie nie zuvor, so ihr euch durch mein Licht bereichern lasst und tief beglücken, denn durch das Licht wird alles heil, so wie ohne dieses alles elendiglich erstirbt.

Die Aufgestiegenen Meister sind nahezu vollständig angekommen, doch es kommen weitere Meister aus vielen Reichen zu euch. Die Erde verlangt danach, die Menschen rufen uns, der Universelle Rat der 72 hat uns beauftragt, zur Erde zurückzukehren.

Ein letztes Mal, um mit den Menschen dieser Zeit den Schatz zu heben und die Finsternis in den ewigen Abgrund zu stürzen.

Ich lehre euch in den Tagen, die nun folgen, das „Kreieren".

Wir nehmen gemeinsam Platz an der reichlich gedeckten Tafel des Herrn und wir geben uns die Fülle, wir beschenken uns – ein jeder legt die Gabe aus dem Herzen für alle bereit – und wir erschaffen auf diese Weise für die Welt, für uns selbst und für den Lebensfluss, der uns trägt, uns nährt und uns das Leben gibt und uns am Leben erhält.

In zwölf präzisen Stufen, den „Stufen zum Kreieren", werdet ihr an eure wahren Aufträge und an die Möglichkeit, diese schließlich auch zu manifestieren, geführt; und wir wollen nun mit der ersten Übung gleich beginnen, denn es gilt keine „Zeit zu verlieren".

1. STUFE: ÜBUNG

Sorgt für ein stilles Umfeld. Atmet ein und aus.
Beruhigt euren Geist.
Dann ruft mich in eure Gegenwart, indem ihr meinen Namen nennt.
Atmet weiter in tiefen Zügen ein und aus.
Bleibt im tiefen Frieden.
Dann bittet mich, dass ich alle eure Vorstellungen zu euren Aufträgen löse und aus euch entferne – sie lösche!

ICH, (nennt hier euren Namen),
BITTE DICH,
MEISTER PAUL ATOS THE' AN'H,
AUS MEINEM WESEN ALLE VORSTELLUNGEN
MEINE GÖTTLICHEN AUFTRÄGE BETREFFEND
ZUR GÄNZE ZU ENTFERNEN,
BIS ICH GANZ LEER UND GEREINIGT BIN.
SUREIJA OM ISTHAR OM

Das wiederholt an drei aufeinanderfolgenden Tagen.
Sprecht die Bitte dieser ersten Übung einmal und
verweilt für mindestens 30 Minuten in der Stille.

Dann macht drei Tage Pause, ehe ihr mit der
nächsten Übung fortfahrt. Dieser Modus gilt für alle
zwölf Stufen des Kreierens, die ich euch in der Folge
übermitteln werde.

Heute reinigen wir euren Geist, eure emotionalen
und mentalen Verbindungen zu euren „vermuteten
Aufträgen". Dann kann die Arbeit des Manifestierens
beginnen.

Für jene, die sich fragen, warum das nötig ist, gilt es
zu erkennen, dass viele Menschen, die bereits am

spirituellen Pfad fortschreiten, neue und aktuelle Vorstellungen von ihren Aufträgen kreiert haben, diese aber der Wirklichkeit und den wirklichen Aufträgen, eurer Blaupause gemäß, nicht entsprechen.

Daher diese erneute Reinigung eures „Energie-Systems", damit ihr einem weißen Blatt Papier gleicht, auf dem die Worte Gottes aufgeschrieben werden können; denn neben Gott existiert nichts, außer man lässt es zu, dass andere Götter für Verwirrung sorgen.

Wir erschaffen Liebe und am Ende dieses Vorganges, am Ende der zwölften Übung, habt ihr gelernt zu lieben und zu erschaffen und die Fülle richtig zu verstehen und zu leben.

Ich bin der Meister des Lichts, der ein jedes Wesen zu ursprünglichem Handeln anspornt.

Lasst zu, dass euch Wohl geschieht, dass euer Herz sich nochmals und zu neuem Licht verwandelt, denn die Transformation eures Wesens ist die wesentlichste Arbeit im Garten des Herrn – und ist erst nach und nach ganz abgeschlossen.

Wir haben uns erneut gefunden, wir begegnen einander wieder, nach langer Zeit – und nun bis in die Ewigkeit.

Ich bin
PAUL ATOS THE' AN'H
Meister unter Meistern

SUREIJA OM ISTHAR OM
Bedeutung:
SU = das Siegel
REI = des Allmächtigen
JA = in Ewigkeit
OM = der Eine Gott, in Schwingung, in jeder Form und ohne Form
ISTHAR = den Menschensöhnen- und töchtern gegeben, in Ewigkeit
OM = der Eine Gott, in Schwingung, in jeder Form und ohne Form

So ist es.

(Der Code, „Mantra aller Mantren", Lord Krishna: http://lichtweltverlag.blogspot.co.at/ search?q=Der+Code%2C+Lord+Krishna)

KURS IM KREIEREN

II

ANORDNUNG

AKTIVIERUNG DER SCHÖPFERKRAFT
STUFE 2 VON 12

Geliebte Kinder Gottes, aus dem ihr alles schöpfen könnt, so ihr es nur versteht, so ihr die Prinzipien der Schöpfung versteht, sie anwendet – zu eurem Segen und zum Wohle allen Lebens.

Der Angekommene spricht zu euch:
Ich bin es, PAUL DER VENEZIANER

Nun wollen wir uns weiter mit dem Kreieren beschäftigen, es erlernen und somit in die Befähigung unserer Schöpfernatur treten.

In den ersten drei Tagen wurden Vorstellungen und Wünsche – kurz: Unangemessenes – transformiert. Nun seid ihr ein weißes Blatt, das beschrieben wird – jedoch noch nicht von euch selbst.

Ehe ihr die ersten Manifestationen setzt, gilt es genau zu wissen, was ihr denn manifestieren sollt.

Daher gehen wir nun erneut in die Stille.
Atmet tief ein, atmet aus.
Beruhigt euch innerlich, bis ein tiefer innerer Frieden einkehrt.
Dann fühlt eure neue Freiheit.

Fühlt, wie es ist, ohne Vorstellungen, ohne Wünsche zu sein. Dann trefft für euch selbst folgende ANORDNUNG.

2. STUFE: ANORDNUNG

ICH, (nennt hier euren Namen),
ORDNE AN,
DASS VON NUN AN
NUR WÜNSCHE UND INSPIRATIONEN
VOR MEINEM GEISTIGEN AUGE
UND IN MEINEM WESEN ERSCHEINEN,
DIE DIREKT MIT DER URQUELLE ALLEN SEINS
UND MIT MEINEN GÖTTLICHEN AUFTRÄGEN
VERBUNDEN SIND.
SUREIJA OM ISTHAR OM

Diese „Anordnung" bringt euch auf Kurs. Vollzieht diese an drei aufeinanderfolgenden Tagen und macht danach erneut 3 Tage Pause.

Während dieser Zeit – und dies gilt für die Phase des Kreierens insgesamt – beobachtet eure Träume, beobachtet präzise an welche Begegnungen ihr herangebracht werdet und beobachtet weiter, ob ihr den Status der inneren Freiheit halten könnt.

Entgleitet euch dieser, brechen Unruhe und Ungeduld durch, bleibt gelassen dabei, jedoch beobachtet diese Erscheinungen so lange, bis sie von selbst aus euch weichen.

Wisset eines, dieser „Kurs im Kreieren" bezieht sich auf eure göttlichen Aufträge und ist keinerlei Willkür unterworfen. Daher ist das Loslassen der zentrale Punkt, um in den weiteren Schritten dieses Prozesses ganz konkret die Dinge und Ereignisse, die für euch zutreffen, in euer Leben ziehen zu können.

Wir gehen weiter und wir schreiten voran.
Vertraut, vor allem dann, so das Offensichtliche zurücktritt und so es gilt, auf die verborgenen Mysterien des Lebens hingeführt zu werden.

Vertraut,
ich bin mit euch,
PAUL ATOS THE' AN'H

KURS IM KREIEREN

III

DARLEGUNG

AKTIVIERUNG DER SCHÖPFERKRAFT
STUFE 3 VON 12

Nachdem nun weitere 6 Tage verstrichen sind, seid ihr nun bereit, den ersten Schlüssel der Fülle zu erhalten –

DEN SCHLÜSSEL DER WUNSCHLOSIGKEIT.

Solcher Art innerlich gefestigt und angeleitet, darf nun zu euch gelangen, was sein soll und jetzt für euch von Bedeutung ist.

Dieser Schlüssel ist wie folgt anzuwenden:
Geht erneut in eine tiefe Stille, seid ganz für euch alleine, schafft Stille in euren inneren wie auch äußeren Räumen. Dann sprecht folgende Darlegung ans Universum:

3. STUFE: DARLEGUNG

ICH, (nennt hier euren Namen),
LEGE GOTT UND DEN UNIVERSELLEN
SCHÖPFUNGSEBENEN DAR,
DASS ICH BEREIT BIN ZU EMPFANGEN:
DIE GABEN DES HIMMELS,
DIE FÜR MICH BEREITSTEHEN
UND DASS ICH BEREIT BIN,
DIESE GABEN NUN ZU ERKENNEN.
SUREIJA OM ISTHAR OM

Mit dieser „Darlegung" gelangen die Dinge in Bewegung. Beobachtet weiterhin eure Träume und beobachtet genau, was sich um euch und in euch ereignet.

Nun beginnt die Phase des aktiven Kreierens, denn die Gaben, die euch bereitet sind, gilt es zu erkennen und als ursprüngliche Lebensabsicht wahrzunehmen.

Verfahrt wie bisher.
Sprecht diese „Darlegung" an drei aufeinander-folgenden Tagen und macht dann drei Tage Pause. Beobachtet, was sich zeigt – vertraut.

Dies ist der dritte Teil im Prozess des Erschaffens von Wirklichkeit – vertraut.

Ich bin
PAUL ATOS THE' AN'H

KURS IM KREIEREN

IV

VERFÜGUNG

AKTIVIERUNG DER SCHÖPFERKRAFT
STUFE 4 VON 12

Nun, habt ihr Zeichen erhalten?
Habt ihr die Zeichen des Himmels erkannt, jetzt, da
ihr befreit seid von eigenen Wünschen, die aus einer
tieferen und anderen Ebene eures Seins hochsteigen
und nicht der absoluten göttlichen Lichtebene
entsprechen?

Ich bin PAUL DER VENEZIANER,

ich bin bei euch und ich weiß, bei vielen ging es um
das Thema Geld – bei vielen wurden genau diese
inneren Bilder geweckt: Geld, Fülle an Reichtum in
einem Ausmaß, damit das Leben ohne bestimmte
Zwänge auskommt.

Nun gut, für alle, die nun in diese Spur geführt
wurden, gebe ich folgende VERFÜGUNG und
folgenden MANIFESTATIONSIMPULS bekannt, damit
sich ereignet, was ihr auf euch, aus gutem Grunde,
herabziehen wollt.

Schafft erneut einen ruhigen Raum – innerlich
wie äußerlich. Atmet tief, richtet euch ganz auf das
Göttliche in euch aus, fühlt meine Gegenwart und fühlt
eure innere Kraft.

Fühlt eure göttliche Wirklichkeit, indem ihr das weiße Licht Gottes in euch fühlt und es zirkulieren lasst, bis ihr ganz in diesem liebenden weißen Licht des Schöpfers eingehüllt seid.
Pure Kraft und Harmonie.

Dann sprecht folgende VERFÜGUNG zur MANIFESTATION.

4. STUFE: VERFÜGUNG

ICH, (nennt hier euren Namen),
LENKE DEN ROSA-STRAHL DER FÜLLE
IN MEINE GEGENWART.
ICH VERFÜGE,
DASS DIE SUMME VON
(nennt hier den Geldbetrag)
JETZT UND HIER AUF GAIA TERRA X^X 27
ZU MIR GELANGT.
ICH BIN MIR BEWUSST,
DASS DIESE MANIFESTATION IM EINKLANG
MIT MEINEN GÖTTLICHEN AUFTRÄGEN
STEHT. MATERIE ENTSTEHT AUS DEM LICHT.
ICH BIN MIR BEWUSST.
SUREIJA OM ISTHAR OM

Es ist bedeutend, dass ihr eine Summe wählt, die „überschaubar" für euch ist.

Das heißt, beginnt mit kleineren Summen, damit ihr euch einschwingt auf diesen Prozess. Auf Geld, Wohlstand und Besitz gilt es sich einzustimmen, vor allem dann, so ihr bisher davon kaum etwas erben konntet. Diese Geldsummen könnt ihr in der Folge variieren, nachdem die ersten „Beweise" eurer Kraft eingetreten sind. Auch könnt ihr diese Anrufung auf Besitz, Wohlstand oder Reichtum im Einzelnen anwenden, wobei ihr anstelle eines Geldbetrages die Gabe nennt, die euch nun weiterhelfen soll, damit ihr eure Aufträge erfüllen und wahrnehmen könnt.

Daher betrachtet diesen Teil des „Kurses im Kreieren" als erste große Übung, um lichtvolles Geld und lichtvolle Manifestationen in euer Leben zu ziehen.

Die Erde erlebt derzeit die Epoche, die das Geld entwertet hat. Ungeachtet dessen könnt ihr diesem wieder Wert geben, indem ihr es für eure Bedürfnisse und zu eurem Wohle beim Universum „bestellt" – durch die Verfügung der Manifestation.

Ihr seid geehrt.

Verfahrt bitte, wie hier gegeben, drei Tage aufeinanderfolgend, um dann drei Tage zu pausieren. Beobachtet, was geschieht, beobachtet genau.

Ich bin, der mit euch ist, und diesen Vorgang anleitet, bis dass die ersten Früchte vom Baume des Lebens fallen.

PAUL ATOS THE' AN'H

KURS IM KREIEREN

V

AKTIVIERUNG

AKTIVIERUNG DER SCHÖPFERKRAFT
STUFE 5 VON 12

Geliebte Schöpfer vieler Welten – Engel von unermesslicher Kraft und Macht – wir wollen uns nun einem neuen Thema des Kreierens zuwenden.

Ehe wir im zwölften Schöpfungsimpuls diese Übungsserie vollenden, betrachten wir eure Beziehungen auf der Ebene von Mann und Frau.

Viele von euch Menschen sehnen sich nach einem Partner, der wahrlich „passt", der euch angemessen ist und der angemessen bleibt.

So hat sich die Kunde verbreitet, dass es den „Seelenpartner" zu finden gilt, um dieses große Glück zu erben. Viele Botschaften aus dem Licht weisen darauf hin und so begannen die Menschen danach zu suchen. Manchmal mit sehr viel Erfolg, sehr oft aber mit Frustration, da sich dieser Partner nicht einstellen wollte oder, da er kam, nicht blieb – zu Ende der Traum und ein schreckhaftes Erwachen folgte.

Nun, in der Zeitqualität, die wir nun hinter uns lassen, war diese Suche von großem Wert. Denn eure Beziehungen auf Erden begannen beliebig zu werden, ohne tiefen Gehalt, ohne seelische Ankoppelung und ihr habt euch in der Kurzweiligkeit verloren.

Das war das Eine. Andererseits nahm bei den Menschen, die erwachen wollten, die Sehnsucht nach einer tiefen seelischen Beziehung zu einem Menschen zu. Das kosmische Licht brachte das hervor und eine „gewöhnliche" Partnerschaft reichte nicht mehr aus, um in euch Glück und Glückseligkeit zu erzeugen.

Diese Suche endete für viele im Dilemma, da sie sehr oft auf den vermeintlichen Seelenpartner trafen, die Beziehung aber dennoch nicht von Dauer war. Das deshalb, da die Erwartung bei solch einer Partnerschaft in das Unermessliche stieg und dem konnten viele nicht gerecht werden. Natürlich war auch das Phänomen, dass die sogenannten „Seelenpartner" nicht die wirklichen Seelenpartner darstellten, weitverbreitet und auch das sorgte für mancherlei Verwirrung.

Hier wurde ein breites Feld eröffnet, für sehr viel Glück, doch auch für sehr viele Irrtümer.
Diese Zeit ist nun um!

Heute gilt es in das neue Wissen dazu zu gelangen. Ich verkünde euch hiermit, dass ihr mehr als nur einen Seelenpartner habt und dass es in einer Existenz nicht immer darauf ankommt, diesen auch zu treffen.

So ihr den Wunsch, einen eurer Seelenpartner
ins Leben zu ziehen, beharrlich verfolgt, kann das
geschehen, doch es heißt nicht auch automatisch,
dass das gut ist.

Gesagt ist, ein jedes Leben hat optimale Begegnungen;
und jeder Lebensabschnitt hat optimale Begegnungen.
Diese gilt es zu kreieren und nicht in eine unangemes-
sene Erwartungshaltung abzugleiten.

Wie aber kommt das, dass ihr mehrere – und wie viele –
Seelenpartner habt?

Aufgrund der Tatsache, dass ihr 12 Seelenanteile
besitzt, ist es möglich, auf 12 Seelenpartner zuzugreifen.
Sind alle Seelenanteile bereits in euch integriert,
„zurückgekehrt", denn auch das war Thema dieser Zeit,
dann seid ihr vollständig und die Suche nach einem
Seelenteil im Außen ist hinfällig und ein Irrweg.

Erneut gebe ich neues Wissen, dass derart noch niemals
gegeben wurde. Ihr könnt mit euren 12 Seelenanteilen
„Lichtfunken", „Lichtimpulse" – das sind Teile von
euch – beliebig oft vervielfältigen und in eine andere
Wesenheit, in einen anderen lebendigen Organismus –
so es der göttlichen Ordnung entspricht – einspeisen.

Somit erhöht ihr eure unmittelbare Präsenz in der Schöpfung in das Unendliche.

Daher „weht der Wind", wenn euch gesagt wird, immer und immer wieder, dass ihr unbegrenzt und allgegenwärtig seid. Denn viele Menschen sind wahrlich in der ganzen Schöpfung, durch die sich multiplizierenden Anteile ihres allmächtigen Lichtwesens, anwesend.

Ein Konzept des Schöpfers, das nun enthüllt ist. Die Zeit dazu ist reif und ich darf die frohe Kunde überbringen, dass heute längst nicht mehr der „eine" Seelenpartner, den es zu erobern gilt, Thema ist, sondern es geht darum, den „einen Partner" anzuziehen, der jetzt mit euch gemeinsam gestalten soll.

Den *optimalen* Partner für diese Zeitlinie, nicht mehr, doch auch nicht weniger. Verändert dazu euren Blickwinkel – oder besser noch, kommt aus dem „Blickwinkel" heraus und betretet das weite Feld der Erkenntnis, wodurch ihr fähig werdet, alles zu überblicken.

Diesen Partner könnt ihr nun manifestieren, ihr, die ihr dazu eine große Affinität fühlt, und es sind viele, die dies so erleben; denn viele Menschen sollen in Partnerschaft auf dieser Welt zum Wohle für diese Welt dienen.

Verfahrt wie folgt, indem ihr durch euer magnetisches Wesen, eure „Schwingung", geeignete Impulse dazu aussendet:

5. STUFE: AKTIVIERUNG

ICH, (nennt hier euren Namen),
AKTIVIERE DEN ROSA-LICHTSTRAHL
DER SCHÖPFUNG UND BESPIELE DIESEN,
KRAFT MEINES GÖTTLICHEN BEWUSSTSEINS
UND MITTELS MEINER SCHÖPFERKRAFT,
MIT MEINER ABSICHT, JETZT DEN OPTIMALEN
LEBENSPARTNER IN MEIN LEBEN
AUF GAIA TERRA X^{X}27 ZU ZIEHEN.

ICH BIN MIR DIESER BOTSCHAFT BEWUSST
UND ES ERFÜLLT SICH JETZT.
SUREIJA OM ISTHAR OM

Erschafft Realität, Wirklichkeit – und diese
Aktivierung bringt den optimalen, jedoch nicht den
einzigen alleinigen Seelenpartner in euer Leben.

Verlasst euch darauf, so es eurer Lebensspur
entspricht, wird dieses Wunder an euch und mit euch
jetzt geschehen.

Verfahrt wie bereits gegeben.
Kreiert dies an drei aufeinanderfolgenden Tagen und
geht dann in eine Pause von 3 Tagen.

Danach fahrt fort mit der sechsten Stufe zur Manifestation eurer Absichten, die ich im Anschluss gebe.

Vertraut eurer göttlichen Kraft und benutzt diese,
um für euch selbst und für die Menschen heilige
Bedingungen zum Leben zu erschaffen.

Ich bin das Licht der Manifestation.
Ich bin
PAUL ATOS THE' AN'H

KURS IM KREIEREN

VI

AKTIVIERUNG

AKTIVIERUNG DER SCHÖPFERKRAFT
STUFE 6 VON 12

Gegrüßt seid ihr Menschen, die ihr nun erwacht.

Ich bin bei euch, PAUL DER VENEZIANER,
und ich bringe euch heute Heilung, um es genauer zu
sagen, ich leite euch heute dahin an, euch selbst ganz
zu heilen – an Körper, Geist und Seele.

Es ist der nächste Schritt zum „ewigen Leben", denn
wisset: Krankheit, Alter und der Tod sind Zustände,
die es auf der Neuen Erde nicht mehr geben kann, da
das göttliche Licht alles am Leben, in der Jugend und
heil erhält.

Mit dieser Manifestation erhält die Restrukturierung
eurer Zellen einen neuen Schub, erhält euer Geist
Ausdauer und es erhält eure Seele das Wissen, dass
die menschlichen Beschränkungen abgelegt werden.

Aktivierung des grün-kristallinen Lichtstrahls der
Schöpfung, um ewige Gesundheit aller Energiekörper,
des Geistes und der Seele zu kreieren:

6. STUFE: AKTIVIERUNG

ICH, (nennt hier euren Namen),
AKTIVIERE KRAFT MEINES GÖTTLICHEN
BEWUSSTSEINS DEN GRÜN-KRISTALLINEN
LICHTSTRAHL DER SCHÖPFUNG,
WODURCH ICH AN DIE ALLES
NÄHRENDE ENERGIEQUELLE
DES SCHÖPFERS DIREKT ANGEBUNDEN BIN.

MEINE HEILUNG IST DIE HEILUNG
ALLEN LEBENS, DENN ICH BIN DAS LEBEN.
ICH BIN MIR BEWUSST.
SUREIJA OM ISTHAR OM

Verfahrt wie bereits gegeben, indem ihr an drei aufeinanderfolgenden Tagen diese Aktivierung in aller Stille und Sammlung formuliert und bestätigt und verweilt die nächsten drei Tage in einer Pause.

Beim Erschaffen von Wirklichkeit gilt es absolut fokussiert zu sein und, nachdem der Vorgang abgeschlossen ist, loszulassen – es ganz abzugeben.

Ihr Meister eurer selbst – wir schreiten weiter und gelangen bald ans Ziel.

Ich bin
PAUL ATOS THE' AN'H

KURS IM KREIEREN

VII

VERDICHTEN

AKTIVIERUNG DER SCHÖPFERKRAFT
STUFE 7 VON 12

Geliebte Kinder Gottes,

in der siebenten Kreationsstufe erreichen wir den
Alltag, die Macht, die ihr in eurem Alltag in allen
Bereichen ausüben könnt und von nun an auch sollt
und dürft.

Oft steht ihr vor Situationen, wo ihr euch etwas
„wünscht". Es sind die „kleinen Dinge" des Lebens.

Euer Alltag ist voller Lebenssituationen, die auf die
innere Führung horchen, und ist voller Situationen,
wobei die Kleinigkeiten, die manchmal Unbehagen
bereiten, mit einem neuen Energieimpuls versehen
werden können.

Bei allen „kleinen Wünschen des Alltags"
(Parkplatzsuche, Taxi auf einer einsamen Straße,
Einkaufen von alltäglichen Dingen, die manchmal
nicht zu finden sind, etc.) geht wie folgt vor:

7. STUFE: VERDICHTEN

ICH, (nennt hier euren Namen),
VERDICHTE KRAFT MEINES GÖTTLICHEN
BEWUSSTSEINS FEINSTOFFLICHES LICHT
ZU MATERIE UND ES MANIFESTIERT SICH
NUN (nennt hier euren Bedarf),

ES GESCHIEHT AUGENBLICKLICH UND JETZT.
ICH BIN MIR BEWUSST.
SUREIJA OM ISTHAR OM

Mit dieser Manifestation gelangen die Dinge wie von magischer Hand zu euch – verlasst euch darauf, auch euer Alltag soll leicht sein, licht und erfüllt.

Verfahrt zum Verankern dieser Manifestation auch hierbei im 3-Tages-Rhythmus, Aktion und Pause, danach könnt ihr auf diese Kraft tagtäglich zugreifen. Mit dieser Botschaft gelangen wir zur Zahl 8.

Ehre euch und die Liebe des All-Schöpfers
PAUL ATOS THE' AN'H

KURS IM KREIEREN

VIII

ÖFFNUNG

AKTIVIERUNG DER SCHÖPFERKRAFT
STUFE 8 VON 12

Die 8: Aufbruch.

Das Neue beginnt Form anzunehmen und wir gelangen in der „Öffnung" in das Urvertrauen unseres Selbst, ehe wir uns in Stufe zwölf vollenden. Wir wissen, dass aus uns selbst heraus alles entsteht, was sichtbar werden soll und darf. Wir erschaffen aus der Fülle, die in unserem Herzen angelegt ist, Wirklichkeit und Realität.

Es ist alles bereit, um sich zu zeigen,
es ist alles zur großen Ernte bereit.

Eine neue Dynamik entsteht, indem wir uns selbst aus der Fülle heraus, die wir in uns tragen, erleben.
Dafür gilt es sich nun zu öffnen.

8. STUFE: ÖFFNUNG

Anbindung an unser ewiges, lebendiges und alles gewährende Selbst.

ICH, (nennt hier euren Namen),
BIN MIR BEWUSST, DASS ALLES AUS MIR
SELBST HERAUS ENTSTEHT,
DASS JEDE WIRKLICHKEIT IN MIR LEBENDIG
IST UND DASS ICH SELBST ES BIN,
DER/DIE DIESE INNEREN BILDER DES LICHTS
ZUM LEBEN ERWECKT.

ICH BIN MIR BEWUSST, ICH BIN DAS ICH BIN –
ICH BIN DAS SELBSTVERTRAUEN.

ICH ÖFFNE MICH JETZT FÜR DIESE
WIRKLICHKEIT GOTTES, IN DER ICH
VON NUN AN MEIN LEBEN ERFAHRE.
SUREIJA OM ISTHAR OM

Verfahrt wie euch aufgetragen, diese Öffnung bringt alle Manifestationen unmittelbar am Weg, das Warten hat ein Ende, da ihr in euch selbst zu wahren Schöpfern reift. Verwaltet diese Stufe weise, indem ihr euch ihrer Schöpferkraft stets bewusst seid.

Wir schreiten weiter und ich gebe nun die neunte Stufe zum Kreieren eines erfüllten Lebens, bis wir uns in der 12 vollenden.

In unendlicher Liebe,
PAUL ATOS THE' AN'H

KURS IM KREIEREN

IX

ANRUFUNG

AKTIVIERUNG DER SCHÖPFERKRAFT
STUFE 9 VON 12

Geliebte Kinder, die ihr diesen Anleitungen, die eure Schöpfernatur entfalten, Folge leistet.

In der Gewissheit, dass ihr nach Vollendung der Übungen in dieser Niederschrift imstande seid, ein vollendetes Leben zu führen, segne ich dich, der du bist, der du bist: das ICH BIN.

Nun lenkt eure Aufmerksamkeit ganz auf eure göttliche Natur.

Wir überschreiten den Punkt des „Selbstvertrauens" und betreten die vollendeten göttlichen Ebenen des Seins – und ein Mensch ist durch sein ICH BIN vollendet.

Vollendet euch nun, indem ihr eure ICH BIN GEGENWART anruft, sie festigt und in euch tief verankert. Das ICH BIN ist alles, ohne das ICH BIN wird alles zu Nichts.

Jedem Schöpfungsimpuls liegt das ICH BIN zugrunde. So setzen wir nun einen tiefen unverrückbaren Anker eurer ICH BIN NATUR in euer Herz.

9. STUFE: ANRUFUNG

ICH, (nennt hier euren Namen),
BIN DAS ICH BIN.
ICH, (nennt hier euren Namen),
BIN DIE/DER ICH BIN.
ICH BIN DAS LEBEN.
ICH BIN DIE LIEBE.
ICH BIN DER WEG.
SUREIJA OM ISTHAR OM

Integriert diese Wirklichkeit in eurem Inneren, bis es ganz damit ausgefüllt ist. Verfahrt wie euch angeraten an 3 Tagen für zumindest 30 Minuten, darauffolgend eine dreitägige Pause, um eure neue Kraft zu erleben, denn diese ICH BIN Anrufung ist der Urquell jeder Absicht zur Manifestation.

Was hier in einfachen Worten gegeben ist, ist das Leben aus der Fülle, aus Gottes Garten Eden.

Beansprucht es, denn wahrlich: Es ist Zeit dafür.
Ich bin der Schöpfer meiner Wirklichkeit,

ICH BIN DER ICH BIN
PAUL ATOS THE' AN'H

KURS IM KREIEREN

X

BEFREIUNG

AKTIVIERUNG DER SCHÖPFERKRAFT
STUFE 10 VON 12

Damit ihr euch selbst aus den alltäglichen Manipulationen, die euch die Sicht auf das freie Kreieren, auf das freie Erschaffen von Realität nehmen, befreit, werden wir das Werkzeug der Befreiung beanspruchen.

Ein Geschenk für Menschen, die weit fortgeschritten sind, und es bedeutet Frei-Sein von allen Einflüssen dieser Zeitlinie, die eure lichtvollen Absichten, die eure Kraft des Erschaffens beeinträchtigen wollen.

Diese Zeit hält alles bereit – und selbst die größten Schöpfungsimpulse können eine Minderung erfahren, so sie einem minderen Energie-Umfeld ausgesetzt sind.

Nun befreien wir uns davon – auf ewig.

10. STUFE: BEFREIUNG

ICH, (nennt hier euren Namen),
BIN KRAFT MEINES GÖTTLICHEN
BEWUSSTSEINS UND KRAFT MEINER
ICH BIN GEGENWART ABSOLUT FREI VON
ALLEN BEEINFLUSSUNGEN DIESER ZEITLINIE.

ICH BITTE DIE HIMMLISCHEN MÄCHTE,
DEN KORRIDOR DER KREATIONEN
FÜR MEINE LICHTVOLLEN ABSICHTEN
ZUM ERSCHAFFEN VON FÜLLE STETS FREI
VON LICHTARMEN ZUSTÄNDEN ZU HALTEN.

ICH BIN MIR BEWUSST.
ICH BIN VOLLER DANKBARKEIT.
SUREIJA OM ISTHAR OM

Frei werden, frei bleiben, frei sein.

Der Pfad, die Lichtlinien, auf denen der
Manifestationsimpuls platziert wird, muss frei
sein, damit sich eure Absichten des Lichts in eurer
Wirklichkeit einstellen können. Damit ist das gewährt.

Diese Bitte – diese Befreiung – ist immer dann zu sprechen, so ihr unbestimmt seid, so ihr nicht ganz sicher seid, ob eure Impulse klar übermittelt werden, oder so ihr selbst in euch einen unklaren Schöpfungs-Gedanken hegt.

Diese „Befreiung" macht euch klar und richtet euch ganz auf das, was ihr erschaffen möchtet, aus.

Ich bin der, der ist, der, der Leben erschafft, und der, der euch dies nun lehrt.

PAUL ATOS THE AN'H

KURS IM KREIEREN

XI

AUSRICHTUNG

AKTIVIERUNG DER SCHÖPFERKRAFT
STUFE 11 VON 12

Mit der elften Stufe verwirklichen wir die
Meisterschaft im Kreieren.

Viele Absichten des Erschaffens scheitern, da die
Ausrichtung fehlt oder da es an der Ausrichtung
mangelt.

Nun sprecht wie euch gegeben und verinnerlicht
diese machtvollen Worte:

11. STUFE: AUSRICHTUNG

ICH, (nennt hier euren Namen),
BIN DIE KRAFT,
DURCH DIE GOTTES ABSICHT WIRKT.
ICH BIN MIT MEINEM UMFASSENDEN WESEN
VOLLKOMMEN AUF GOTT UND AUF
DAS LICHT GOTTES AUSGERICHTET.

ICH BIN MIR BEWUSST.
ICH BIN DER/DIE ICH BIN.
SUREIJA OM ISTHAR OM

Ganz auf Gott ausgerichtet zu sein, macht den Weg frei für die abschließende 12. Stufe – der „Vollendung"; bis dass sich eine Menschenseele, ohne Wenn und Aber, in Gott fallen lässt – bis dass alles verschwindet und ausdünnt, bis nur ER bleibt, der GROSSE EINE, und das Sein in der Wunschlosigkeit – da durch IHN für alles gesorgt ist.

Ich bin es, der euch bis hierher begleitet und der euch weiter führt bis hinter den Horizont, damit ihr ankommt in der Fülle des Herrn.

PAUL ATOS THE' AN'H

KURS IM KREIEREN

XII

VOLLENDUNG

AKTIVIERUNG DER SCHÖPFERKRAFT
STUFE 12 VON 12

Die 12: Vollendung und erneuter Aufbruch.

Das Neue beginnt Form anzunehmen und wir kehren wieder zurück; der Kreis schließt sich nun und wir erschaffen die Wunschlosigkeit in Gott – die Fülle aus Gott heraus.

Wir erschaffen die Geborgenheit in Gott, damit wir wahrhaftig vertrauen und uns der Realität, dass Gott für uns in allen Belangen sorgt, hingeben und anvertrauen können.

Diese Manifestation ist die dringlichste und zugleich auch mächtigste, denn sie macht euch frei, dem Leben, so wie es euch gegeben ist, im Urvertrauen und im Selbstverständnis einer Gottheit aus der Ewigkeit, die ihr seid, zu begegnen.

Denn jeder Manifestation liegt das Wissen um das „Wie" und das Vertrauen in Gott zugrunde und darin findet der „Kurs im Kreieren" die Vollendung.

12. STUFE: VOLLENDUNG

Gottes-Anbindung, Er/Sie/Es sorgt für Dich.

ICH, (nennt hier euren Namen),
ÖFFNE MEIN WESEN BEDINGUNGSLOS UND
VOLLSTÄNDIG FÜR DIE GOTTESERKENNTNIS.
IN DER GEGENWART DES SCHÖPFERS
ERHALTE ICH ALLES.

ICH BIN IN GOTT, GOTT IST IN MIR.
ICH BIN MIR BEWUSST.
SUREIJA OM ISTHAR OM

Du bist in Gott.

Geliebte Kinder Gottes!
Das ist es, was es zu erlangen gilt, dann wird das
Leben ein wahres Fest und dahin gelangen wir
nun am Ende dieser Anleitungen, damit ihr eure
Vollkommenheit erleben könnt.

Für alle zwölf Stufen gilt, wie eingangs beschrieben
(siehe Seite 13), der 3-Tages-Rhythmus (3 Tage
hintereinander eine Stufe, danach 3 Tage Pause).

ICH BIN DER ICH BIN.

In unendlicher Liebe
PAUL ATOS THE' AN'H

DAS GESCHENK IST ANGENOMMEN

PAUL DER VENEZIANER

Geliebter Jahn.
DANKE.

Wir haben den Menschen ein großes Geschenk überbracht, denn von nun an können sie sich im Kreieren üben und sie werden große Fortschritte machen.

Das bedeutet Freiheit, Unabhängigkeit und Gottes-Nähe, denn wenn sich ein Leben nach den ursprünglichen Plänen gestaltet, dann herrscht innerer und äußerer Frieden.

Wendet dieses Buch an, wiederholt die Anleitungen und schreitet Stufe für Stufe in das Licht und zu einem erfüllten Sein.

Geehrte Menschenkinder,
wir erwachen, wir gehen weiter, wir lassen die mit
Mühsal beladenen Aufstiege hinter uns, nun erreichen
wir die Ebene.

Uns verbindet die Wirklichkeit.
Uns nährt der Schöpfer selbst.
Uns erwartet das Reich der Glückseligkeit.

WIR SIND EINS.

Gott ist groß und wir haben Gott an unserer Seite.
Vertraut, ihr Kinder, die ihr Götter seid, denn das
große Finale dieses Übergangs der Zeiten hat
begonnen und am Ende steht ein vollkommener
Planet und ein von Gott erfüllter Mensch.
Gott ist groß – VERTRAUT.

Ich bin
MEISTER ATOS THE' AN'H
PAUL DER VENEZIANER

		Datum
Stufe I	Übung	
	Übung	
	Übung	
	3 Tage Pause	
Stufe II	Anordnung	
	Anordnung	
	Anordnung	
	3 Tage Pause	
Stufe III	Darlegung	
	Darlegung	
	Darlegung	
	3 Tage Pause	
Stufe IV	Verfügung	
	Verfügung	
	Verfügung	
	3 Tage Pause	
Stufe V	Aktivierung	
	Aktivierung	
	Aktivierung	
	3 Tage Pause	
Stufe VI	Aktivierung	
	Aktivierung	
	Aktivierung	
	3 Tage Pause	

Übungsübersicht

		Datum
	Verdichten	
Stufe VII	Verdichten	
	Verdichten	
	3 Tage Pause	
	Öffnung	
Stufe VIII	Öffnung	
	Öffnung	
	3 Tage Pause	
	Anrufung	
Stufe IX	Anrufung	
	Anrufung	
	3 Tage Pause	
	Befreiung	
Stufe X	Befreiung	
	Befreiung	
	3 Tage Pause	
	Ausrichtung	
Stufe XI	Ausrichtung	
	Ausrichtung	
	3 Tage Pause	
	Vollendung	
Stufe XII	Vollendung	
	Vollendung	
	3 Tage Pause	

Übungsübersicht

PUBLIKATIONEN JAHN J KASSL

FRIEDEN IST DIE MEISTERSCHAFT
Lichtwelt Verlag, gebundene Ausgabe (2024)

DAS GESCHENK
Lichtwelt Verlag, gebundene Ausgabe (2024)

VERHEISSUNG – ALLES KOMMT ZUM GUTEN
Lichtwelt Verlag, gebundene Ausgabe (2023)

HANNELORE
Lichtwelt Verlag, gebundene Ausgabe, 2. Auflage (2023)

AUFBRUCH IN DIE FREIHEIT
Lichtwelt Verlag, gebundene Ausgabe (2023)

BIS DICH DIE SEHNSUCHT FINDEN KANN
Lichtwelt Verlag, gebundene Ausgabe (2022)

ELIJA PROPHEZEIUNGEN BIS IN DAS JAHR 3000
Lichtwelt Verlag, gebundene Ausgabe (2022)

AUFERSTEHUNG
Lichtwelt Verlag, gebundene Ausgabe (2022)

BEFREIUNG
Lichtwelt Verlag, gebundene Ausgabe (2021)

SANANDA OFFENBARUNGEN – TEIL II
Lichtwelt Verlag, gebundene Ausgabe (2021)

VOLLENDUNG
Lichtwelt Verlag, gebundene Ausgabe (2021)

GELASSENHEIT IM STURM
Lichtwelt Verlag, gebundene Ausgabe (2021)

ERLÖSUNG
Lichtwelt Verlag, gebundene Ausgabe (2020)

SANANDA OFFENBARUNGEN – TEIL I
Lichtwelt Verlag, gebundene Ausgabe, 2. Auflage (2023)

ENTSCHEIDENDE JAHRE DER MENSCHHEIT
Lichtwelt Verlag, gebundene Ausgabe (2020)

DU BIST BEHÜTET
Lichtwelt Verlag, gebundene Ausgabe, 2. Auflage (2021)

LICHTSPUR IN DAS GOLDENE ZEITALTER
Lichtwelt Verlag, gebundene Ausgabe, 2. Auflage (2024)

SPRACHE DER SEELE – 13 SCHLÜSSEL DES LEBENS
Lichtwelt Verlag, gebundene Ausgabe, 2. Auflage (2023)

WANDEL DER HERZEN
Lichtwelt Verlag, gebundene Ausgabe (2018)

ATMAR – JENSEITS ALLER KONZEPTE
Lichtwelt Verlag, gebundene Ausgabe, 2. Auflage (2023)

KURS ZUR FREIHEIT – BABAJI
Lichtwelt Verlag, gebundene Ausgabe, 2. Auflage (2023)

IM ZEICHEN DES WANDELS
Lichtwelt Verlag, gebundene Ausgabe (2018)

JETZT BIST DU DA – TAGEBUCH EINES ERWACHENS
Lichtwelt Verlag, gebundene Ausgabe (2017)

KURS IM KREIEREN – PAUL DER VENEZIANER
Lichtwelt Verlag, gebundene Ausgabe, 2. Auflage (2024)

DIE ERDE WIRD NICHT ZERSTÖRT!
Lichtwelt Verlag, gebundene Ausgabe (2017)

30 TORE ZUR ERLEUCHTUNG
Lichtwelt Verlag, gebundene Ausgabe, 3. Auflage (2023)

ES WIRD STILL AUF DIESER WELT
Lichtwelt Verlag, gebundene Ausgabe (2016)

DIE JESUS BIOGRAFIE – TEIL I
Lichtwelt Verlag, gebundene Ausgabe, 5. Auflage (2022)

DIE GROSSE ZEIT IST GEKOMMEN
Lichtwelt Verlag, gebundene Ausgabe, 2. Auflage (2021)

KRISTALLWÜRFEL DES AUFSTIEGS – MIT ARBEITSBUCH
Lichtwelt Verlag, Sondereinband, 2. Auflage (2023)

LICHT I – HEILUNG DURCH GOTT
Lichtwelt Verlag, gebundene Ausgabe, 2. Auflage (2018)

TELOS, WILLKOMMEN IN AGARTHA
Lichtwelt Verlag, gebundene Ausgabe, 3. Auflage (2020)

LEBEN, BAND I
Lichtwelt Verlag, gebundene Ausgabe, 2. Auflage (2021)

DER LICHTNAHRUNGSPROZESS – GRENZERFAHRUNG
IN 21 TAGEN
Lichtwelt Verlag, gebundene Ausgabe (2024)

DIE JESUS BIOGRAFIE – TEIL II
Lichtwelt Verlag, gebundene Ausgabe, 2. Auflage (2021)

2026 OFFENBARUNGEN GOTTES
Lichtwelt Verlag, gebundene Ausgabe, 2. Auflage (2021)

LICHT II
Lichtwelt Verlag, gebundene Ausgabe, 2. Auflage (2023)

Alle Titel, auch als eBook, erhältlich – www.lichtweltverlag.at

BÜCHER VON JAHN J KASSL

JAHN J KASSL

KURS IM KREIEREN

JAHN J KASSL

JETZT BIST DU DA

JAHN J KASSL

ATMAR – JENSEITS ALLER KONZEPTE

JAHN J KASSL

SANANDA OFFENBARUNGEN 1

JAHN J KASSL

LICHT 1 – HEILUNG DURCH GOTT

JAHN J KASSL

DU BIST BEHÜTET

JAHN J KASSL
KURS ZUR FREIHEIT

Kein Stein bleibt auf dem anderen, und die göttliche Ordnung in dir wird wiederhergestellt.

Der „Kurs zur Freiheit" verändert dein Leben. Sobald BABAJI in dein Leben tritt, wird alles ganz; Halbheiten und Kompromisse enden. Was in Haidakhan *(der Ort in Nordindien, an dem BABAJI von 1970-1984 menschliche Gestalt annahm und wirkte; höchstheiliger universeller Ort, Anm. JJK)* seinen Ausgang nahm, findet hier die Fortsetzung.

Der „Kurs zur Freiheit" ist die Einladung für dich, den Weg zur Quelle, in meiner Obhut zu gehen. Erwählst du dies, dann bin ich da und weiche niemals mehr von deiner Seite. Danach bist du neugeboren, denn danach haben alle Steine, die schwer in deinem Wesen lasten, ihren neuen Bestimmungsort gefunden und du bist frei. Gott ist groß, der ich bin BABAJI – und wir sind eins.

Ich komme zu jenen Menschen, die mich voller Sehnsucht rufen und mit reinem Herzen suchen. Sei dir bewusst.

87 Seiten, 11,7 x 16,2 cm, Taschenbuch, ISBN 978-3-903435-10-0
17 EUR inkl. MwSt. zzgl. Versand

JAHN J KASSL

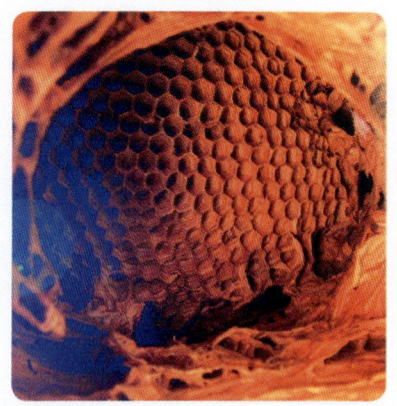

KURS
ZUR
FREIHEIT

LICHTWELT
VERLAG

JAHN J KASSL
HANNELORE

Als Hannelore am 19.9.2022, um 0:15 für immer einschlief, ahnte ich nicht, dass sie sich nur einen Tag später als „Neugeborene" mit einer ersten wunderbaren Botschaft „KÖNNTET IHR DAS NUR SEHEN" bei mir einstellen würde!? Beginnend mit der Botschaft von ERZENGEL RAPHAEL, ziemlich genau einen Monat bevor Hannelore ihre Reise antrat, beinhaltet das zweite Kapitel alle Botschaften, die in den Tagen, Wochen und Monaten nach ihrer Heimkehr ins Licht von ihr selbst an mich übermittelt wurden.

Detailliert schildert die Abgereiste ihre Ankunft im Licht und sie beleuchtet, von ihrer neuen Warte aus, das Menschsein. Von Freiheit ist die Rede und von einer unglaublichen Liebe, die uns danach erwartet. Am Ende ist alles ganz leicht, das Menschsein wird schön und der Tod verliert den Stachel – alle Ängste schwinden.

Ich erlebe es beim Schreiben und beim wiederholten Lesen dieser Botschaften immer wieder: Tod, wo bist du, lass dich umarmen – und bis es so weit ist, sich des Lebens zu erfreuen und dieses zu genießen.

284 Seiten, 11,7 x 16,2 cm, Taschenbuch, ISBN 978-3-903435-07-0
21 EUR inkl. MwSt. zzgl. Versand

JAHN J KASSL

HANNELORE

LICHTWELT
VERLAG

JAHN J KASSL
BIS DICH DIE SEHNSUCHT FINDEN KANN

Das Buch für ALLE „Transformations-Fälle"

Mit großer Freude darf ich Ihnen das erste Buch aus unserer neuen Edition „Bewusstseinsarbeit" mit dem Titel „BIS DICH DIE SEHNSUCHT FINDEN KANN" vorlegen.

Seit nunmehr 13 Jahren finden regelmäßig Lichtlesungen statt und sie erfreuen sich immer größerer Beliebtheit. Zentraler Bestandteil dieser Veranstaltungen ist die „Bewusstseinsarbeit in der Gnade Gottes". Gleich zu Beginn einer Lichtlesung können die Menschen die Wirkung des göttlichen Lichts an Leib und Seele unmittelbar erfahren. Allwissend arbeitet es mit den einzelnen Menschen. Gebete, Affirmationen und Verfügungen begleiten diese Heilungsarbeit und geben uns ein Werkzeug in die Hand, mit dem wir auch daheim weiterarbeiten und experimentieren können.

Deshalb haben wir uns entschieden, diese wunderbaren Botschaften als Buch herauszubringen. Dadurch ist es möglich, erneut in diese nährende Energie einzutauchen, die Heilungsarbeit nachzuerleben oder sie zu wiederholen – denn sehr oft ist die Wiederholung der Schlüssel zum Erfolg. Erst durch das erneute Erleben werden Erkenntnisse und spirituelle Prozesse verankert und vervollständigt. Erfahre die Berührung mit dem göttlichen Licht, damit DIE SEHNSUCHT DICH FINDEN KANN.

159 Seiten, 11,7 x 16,2 cm, Taschenbuch, ISBN 978-3-903435-01-8
18 EUR inkl. MwSt. zzgl. Versand

JAHN J KASSL

BIS DICH
DIE SEHNSUCHT
FINDEN KANN

LICHTWELT
VERLAG

JAHN J KASSL
30 TORE ZUR ERLEUCHTUNG

Dieses Buch ist Ihr Begleiter durch diese Zeit und ebnet Ihnen den Weg in die Meisterschaft. Stehen Sie vor einer wichtigen Entscheidung, verlangt eine Frage nach dringlicher Antwort? Dieses Buch lässt Ihnen, durch das „zufällige" Aufschlagen einer Seite die Antwort zukommen.

Dieses Werk kann als „Orakel", als Medium eingesetzt werden, damit Sie durch Anrufungen, Übungen oder Verfügungen in unterschiedlichen Lebenslagen Klarheit erhalten. Begleitet werden Sie dabei von Meister St. Germain, Jesus Sananda, Babaji, Kryon, Serapis Bey, Lord Krishna, Lord Maitraya, Meister Hilarion und dem kosmischen Logos ATOS TU NAH'.

Es ist DAS „Buch der Transformation" und begleitet Sie durch die letzten Tore der Erkenntnis. Sie können sicher sein, dass sich die nötigen Wachstumsschritte, die Ihnen dieses Buch am Wege zur Erleuchtung bietet, äußerst zielgerichtet einstellen.

Die Zeit der Ernte ist auch für Sie gekommen. „30 TORE ZUR ERLEUCHTUNG" ist das Buch für Meister, also das Buch für Sie!

180 Seiten, 11,7 x 16,2 cm, Taschenbuch, ISBN 978-3-903435-09-4
19 EUR inkl. MwSt. zzgl. Versand

JAHN J KASSL

30 TORE
ZUR
ERLEUCHTUNG

LICHTWELT
VERLAG

JAHN J KASSL
JETZT BIST DU DA

Dieses „Tagebuch eines Erwachens" umfasst einen Zeitraum von 38 Tagen und ist ein zutiefst ehrlicher Bericht einer spirituellen Wandlung, an deren Ende die konstante Anbindung an das Licht Gottes steht. Während dieser Zeit im Sommer 2007 stand mir Jesus Sananda täglich 24 Stunden bei. Es war die Zeit, in der ich schließlich Gottvertrauen erlangte und in der sich für mich der Schleier zwischen Himmel und Erde für immer hob.

„JETZT BIST DU DA" geht jedoch weit über meine eigene Transformation hinaus, denn es enthält eine Fülle von Botschaften für die ganze Menschheit. Manches erhält rückblickend eine neue Bedeutung und so ist dieses Buch auch ein spannendes Werk spiritueller Zeitgeschichte. Und schließlich das Wichtigste: Jesus lädt durch dieses Buch auch dich ein, dein Gespräch mit IHM zu beginnen.

Für mich waren diese 38 Tage das bis dahin größte Geschenk meines Lebens – und dass ich heute, 10 Jahre später, dieses Geschenk weiterreichen darf, erfüllt mich mit großer Freude.

477 Seiten, 11,7 x 16,2 cm, Taschenbuch, ISBN 978-3-9503586-3-6
24 EUR inkl. MwSt. zzgl. Versand

JAHN J KASSL

TAGEBUCH EINES ERWACHENS

JETZT
BIST
DU DA

LICHTWELT
VERLAG

JAHN J KASSL
GELASSENHEIT IM STURM

EINFÜHRUNG VON BABAJI

Geliebter Jahn,

dieses Buch schreibst Du! Dieses Buch diktierst Du Dir selbst! Dieses Buch bist Du! Dieses Buch erreicht die Herzen der Menschen, denn es ist Deinem Herzen entsprungen und in Dir gereift.

Während das Leben läuft, versäumen die Menschen es, während das Glück wartet, warten die Menschen darauf, und während die Liebe nach Erfüllung ruft, stellen sich die Menschen taub.

Dieses Buch handelt vom Leben, vom Glück und von der Liebe. In einfachen, kurzen und tiefgründigen Kapiteln kann der Leser sich selbst ergründen: Mensch, was bist du wirklich und was glaubst du immer noch zu sein!?

Am Ende, wenn du das irdische Kleid ablegst und dich die Engel in das Licht heben, ist es zu spät – du bereust und bedauerst. Lass es niemals so weit kommen – vor allem jetzt nicht, da die Welt neu erschaffen und der Mensch neu geboren wird.

Du bist Teil des Wandels, Teil des Aufstiegs und Teil aller Ereignisse, die geschehen oder ausbleiben. Gestalte dein Leben, lebe es und sei glücklich! Bist du es nicht – dann werde es!

176 Seiten, 11,7 x 16,2 cm, Taschenbuch, ISBN 978-3-9504920-0-2
19 EUR inkl. MwSt. zzgl. Versand

JAHN J KASSL

GELASSENHEIT
IM STURM

LICHTWELT
VERLAG

JAHN J KASSL
SPRACHE DER SEELE

Dieses Buch ist ein direkter und einfacher Wegweiser durch das Leben und ein wunderbarer Wegbereiter zu Gott. In klaren und einfachen Bildern, Beispielen, Anrufungen, Gebeten, Selbstermächtigungen und Botschaften erhalten Sie das Geschenk dieser Zeit. Die dreizehn Schlüssel des Lebens öffnen jede Tür, so Sie sich dafür öffnen, die alten Konzepte aufzugeben und das Komplizierte abzulegen. So Sie bereit sind, einfach, klar und wahrhaftig den Weg der Liebe zu gehen, dann halten Sie hier die Schlüssel in der Hand.

Dieses Buch lädt Sie ein, die Lasten der Vergangenheit abzustreifen, mit sich selbst Frieden zu schließen und mit leichtem Gepäck weiterzureisen – und Tür für Tür offenbart sich Ihnen GOTT. Gott ist einfach, die Wahrheit ist einfach, das Leben ist einfach. Ihr Herz findet Erfüllung, Ihr Geist geht ein ins Friedensreich und Ihre Seele erlangt die Erleuchtung.

Die Sprache der Seele verstehen, heißt sich selbst verstehen und die 13 Schlüssel des Lebens bewirken das und führen Sie heim.

144 Seiten, 11,7 x 16,2 cm, Taschenbuch, ISBN 978-3-903435-04-9
19 EUR inkl. MwSt. zzgl. Versand

JAHN J KASSL

SPRACHE
DER
SEELE

LICHTWELT
VERLAG

JAHN J KASSL
TELOS
WILLKOMMEN IN AGARTHA

Werden wir aufsteigen oder bleibt alles wie bisher? Was ist Illusion, was ist Wirklichkeit? Haben die Propheten recht oder irren diese, da in der offensichtlichen Welt die Veränderungen spärlich sind, der angekündigte Wandel fern scheint und die innere wie äußere Befreiung der Menschheit auf unerträgliche Weise auf sich warten lassen? Kurz: Bleibt alles gleich oder wird alles anders?

Dieses Buch bietet klare Antworten auf diese existenziellen Fragen der Menschen und Antwort auf die "Zukunft" der Menschheit. "Telos – Willkommen in Agartha" ist der Schlüssel für Ihren Aufstieg.

254 Seiten, 11,7 x 16,2 cm, Taschenbuch, ISBN 978-3-9504748-1-7
19 EUR inkl. MwSt. zzgl. Versand

JAHN J KASSL

TELOS

WILLKOMMEN
IN AGARTHA

LICHTWELT
VERLAG

JAHN J KASSL
BEFREIUNG

FREIHEIT LIEGT IN DER LUFT

Die Stimmen für die Freiheit werden lauter und lauter. Der Widerstand formiert sich und ganz entgegen vieler Prognosen: Die Menschen wachen auf!

Mit dem Aufwachen ist aber immer auch der spirituelle Aspekt verbunden – und so gewinnt auch die Spiritualität immer größeren Raum. Fernab vom politischen Treiben beginnen immer mehr Menschen, sich selbst in einen größeren, in einen kosmischen Zusammenhang zu stellen. Der Mensch als ganzheitliches göttliches Geschöpf tritt in Erscheinung und immer mehr Menschen öffnen sich für neue Perspektiven der Wahrnehmung. Deshalb erfahren spirituelle Botschaften immer mehr Akzeptanz, den das Leben auf Erden muss ganzheitlich beleuchtet und im Kern verstanden werden, um gelebt werden zu können.

Dieses schlanke Buch vermittelt zusammengefasst eine einzige Botschaft: Bleibt im Vertrauen und baut auf die Macht eures göttlichen Bewusstseins! Seid euch der Macht eures Handelns bewusst, denn die Dämme brechen jetzt!

Verändert die Welt! Ihr habt es in der Hand. Niemand kann seine dunklen Pläne ohne eure Mitarbeit verwirklichen! Dein JA ist dafür essenziell, deshalb ist jetzt dein NEIN entscheidend.

144 Seiten, 11,7 x 16,2 cm, Taschenbuch, ISBN 978-3-9504920-6-4
17 EUR inkl. MwSt. zzgl. Versand

JAHN J KASSL

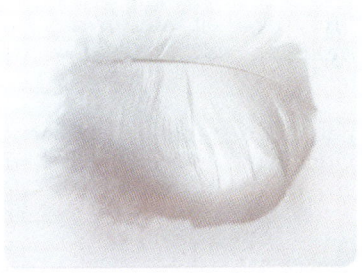

BEFREIUNG

LICHTWELT
VERLAG

JAHN J KASSL
LEBEN

Dieses Buch leuchtet tief in die nun bevorstehende Zeit hinein. Der Aufstieg der Menschheit und des Planeten findet statt und setzt sich trotz der weitverbreiteten Zweifel und Zweifler temporeich fort. Umwälzungen in der Gesellschaft sind nicht mehr zu übersehen. Staat, Kirche und bewährte Institutionen werden in Frage gestellt und wandeln sich, ja, sie müssen es. Im Einklang mit dem Schöpfer werden die Weichen gestellt, die es jetzt braucht, damit sich der Planet mit der Menschheit auf der fünften Dimensionsebene des Lichts verankern kann. Noch liegt eine bedeutende Wegstrecke vor uns und was wir jetzt vor allem benötigen, ist die Weisheit zu LEBEN.

Dieser erste Band "LEBEN" ist ein Wegweiser dazu und weist uns die Lichtspur der uns bevorstehenden Wochen, Monate und Jahre.

184 Seiten, 11,7 x 16,2 cm, Taschenbuch, ISBN 978-3-9504748-8-6
17 EUR inkl. MwSt. zzgl. Versand

JAHN J KASSL

LEBEN

LICHTWELT
VERLAG

JAHN J KASSL
ATMAR

ATMAR ist höchstes göttliches Bewusstsein und führt uns ohne Umwege zu Gott. Wer bereit ist für einen direkten Pfad, wird jede Zeile dieses Buches als großes Geschenk und Segen erfahren. Lesen Sie hinein, wie es sich anspürt ohne Umschweife die Treppen der Erkenntnis emporzusteigen.

Jenseits des Weges existiert Gott:
Der Weg selbst ist weder das Ziel noch die Bestimmung.

Der Weg zu Gott ist einfach, so man alle Konzepte aufgibt. So man selbst das „Konzept des Weges" aufgibt. Denn es braucht keinen Weg, um IHN zu erlangen. Es braucht nur die augenblickliche Erkenntnis – ohne Weg, ohne Tun, ohne die Meilenstiefel, die euch angemessen wurden, damit ihr dieser Illusion begegnen konntet. Was für ein Weg soll es sein, der zu Gott führt? Das würde bedeuten, ihr befindet euch da (am Weg) und Gott ist dort (am Ende des Weges).

Ein Irrtum! So ist es. Denn Gott erlangt man ohne einen Weg, den ihr beschreiten müsst – das ist ein Konzept der Religionen, die davon wenig Ahnung haben und kaum Wissen.
Das Geheimnis ist einfach: IHR SELBST SEID DER WEG!

128 Seiten, 11,7 x 16,2 cm, Taschenbuch, ISBN 978-3-903435-06-3
19 EUR inkl. MwSt. zzgl. Versand

JAHN J KASSL

ATMAR

JENSEITS ALLER KONZEPTE

LICHTWELT
VERLAG

JAHN J KASSL
SANANDA OFFENBARUNGEN 1

Das Zeitenende naht und meinen Aufträgen gemäß gebe ich heute dieses Buch, die Offenbarungen, für diese neue Zeit – das Wissen für eine neue Epoche, die nun beginnt. Wie sind die Zeichen der Zeit zu deuten und wie ist das zu verstehen, was seit Jahren durch viele Kanäle auf die Erde gebracht wird? Es ist an der Zeit, die Verwirrungen, die mancherorts entstanden sind, aufzuklären und die Irrtümer am geistigen Pfad zu benennen. Nicht alles, was zu euch gelangt, hat den Wert, wie es scheint. Bisher hatten diese Informationen Berechtigung und Sinn, doch nun ist die Zeit angebrochen, um sich von diesen „GEH-HILFEN" zu verabschieden. Ein erwachtes Bewusstsein ist ganz mit der göttlichen Quelle verbunden und bezieht alles Wissen direkt daraus. Dieses Buch räumt auf, rückt zurecht und gibt den Blick frei auf die Ereignisse, die der Menschheit nun bevorstehen. Eine wahrlich große Zeit ist angebrochen, und ich, JESUS SANANDA, bin mitten unter euch, denn meine Wiederkunft hat sich erfüllt. Weder werdet ihr stürzen noch fallen – ihr werdet euch erheben und zu wahren Göttern heranwachsen. Die göttliche Ordnung wird auf Erden wiederhergestellt und das Licht setzt sich weltumspannend durch. Damit ist die erste Offenbarung gegeben: DAS LICHT SIEGT!

Ein Beschluss Gottes – und so geschieht es.

378 Seiten, 11,7 x 16,2 cm, Taschenbuch, ISBN 978-3-903435-08-7
22 EUR inkl. MwSt. zzgl. Versand

JAHN J KASSL

SANANDA
OFFENBARUNGEN 1

LICHTWELT
VERLAG

JAHN J KASSL
DIE JESUS BIOGRAFIE
MEIN LEBEN AUF ERDEN, TEIL 1

Dieses Buch entfernt das Kreuz aus deinem Leben!
Frei von Erfindungen und Manipulationen erfahren sie in diesem Werk die Wahrheit über das Leben Jesu.

- Wie und wo verbrachte Jesus seine Kindheit?
- Warum wurde Johannes der Täufer wirklich getötet?
- Wer war Maria Magdalena?
- Wie verwandelte sich Wasser in Wein?
- Was sättigte die fünf Tausend?
- Wie verstehen wir SEINE Botschaften?
- Wodurch erklärt sich das „Phänomen" der Stigmata?
- Was ereignete sich in jener Nacht, als Jesus verhaftet wurde, tatsächlich?
- Was hat es mit dem „Tod am Kreuz" auf sich?
- War das Grab leer?

Diesen und vielen anderen Antworten werdet ihr in diesem Buch begegnen – eine Begegnung, die Euer Leben verändern kann, denn ihr begegnet SEINER Kraft und SEINER ewigen Liebe zu den Menschen.

164 Seiten, 11,7 x 16,2 cm, Taschenbuch, ISBN 978-3-9504920-9-5
19 EUR inkl. MwSt. zzgl. Versand

JAHN J KASSL

JESUS

BIOGRAFIE 1

LICHTWELT
VERLAG

JAHN J KASSL
LICHT 1 – HEILUNG DURCH GOTT

„Gegeben für alle Menschen, um Einheit, Frieden und Liebe bleibend auf der Erde zu verankern." (GOTT)

Dieses Buch bringt den Leser mit dem göttlichen Licht und der göttlichen Liebe in Berührung; Blockaden können weichen und Frieden in uns selbst entsteht.

Die Kapitel beleuchten jene Themen, die viele Menschen heute beschäftigen. Wie gehen wir mit Neid, Zorn, Hass, Gier, Enttäuschung oder mit Eifersucht um, und wie können wir Minderwertigkeit, Schuldgefühle, Verzweiflung, Trauer oder Ängste, transformieren und entfernen.

„…der sanfte Strahl des Lichts berührt dein Herz, und der Geist Gottes offenbart dir deine Schönheit." (GOTT)

„Durch diese Zeilen wirkt der Geist Gottes. Seite für Seite erhältst du die Möglichkeit, einen Blick auf deine Themen zu gewinnen – Themen, die jetzt einer Erlösung bedürfen. Durch deine aufrichtige Absicht beginnt das unfehlbare göttliche Licht zu arbeiten – während du liest und Seite für Seite dir begegnest." (GOTT)

„Licht 1 – Heilung durch Gott", ist ein Geschenk aus dem Ursprung allen Seins, direkt gegeben für Dich.

184 Seiten, 11,7 x 16,2 cm, Taschenbuch, ISBN 978-3-9503586-4-3
22 EUR inkl. MwSt. zzgl. Versand

JAHN J KASSL

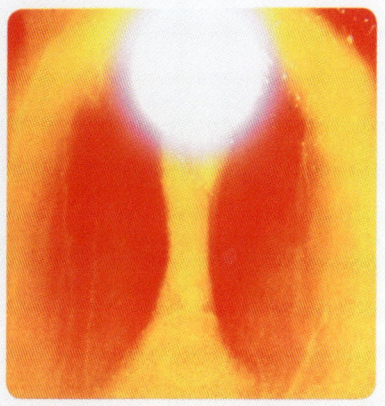

LICHT1

HEILUNG DURCH GOTT

LICHTWELT
VERLAG

JAHN J KASSL
LICHT II

Dieses Buch arbeitet mit ihnen! Es setzt Heilenergie frei und hat die Kraft, ihr Leben von Grund auf zu verwandeln. Das göttliche Licht wirkt und heilt. Wie befreie ich mich von Ängsten, was bedeuten Hoffnung und Glaube, wie ist mit Erwartung umzugehen, was ist ein Gebet? Sind Ehrgeiz und Sorge nützlich oder nur Ballast? Vom Sterben und Tod, von der Freude und der Sehnsucht nach unserer himmlischen Heimat; davon handelt dieses Buch. Während sie darin lesen, wirkt das göttliche Licht. Die Begleitung Gottes, die Nähe der Engel und Erzengel sowie die Anwesenheit der Aufgestiegenen Meister sind in jedem Moment erfahrbar. Ein Geschenk aus der Einheit allen Seins. Gegeben für alle Menschen dieser Erde.

167 Seiten, 11,7 x 16,2 cm, Taschenbuch, ISBN 978-3-903435-03-2
19 EUR inkl. MwSt. zzgl. Versand